NORMAS EMPRESARIALES INTERNAS

NORMAS EMPRESARIALES INTERNAS

El motor oculto de la productividad
y rentabilidad de las empresas

ANTONIO PUENTE CANO

Normas empresariales internas
Primera edición: noviembre, 2023

© 2023, Antonio Puente Cano
El autor se ha reservado todos los derechos.

La publicación y distribución de esta obra corresponde al autor.
Contacte a los titulares del *copyright*.

ISBN: 9798862705157

Impreso bajo demanda   *Printed on demand*

Prefacio

En el competitivo mundo empresarial de hoy, cada decisión cuenta y cada recurso es valioso. Nuestro libro *"Normas Empresariales Internas: El Motor Oculto de la Productividad y la Rentabilidad"* no solo desvela el poder transformador de las normas internas, sino que también demuestra cómo estas se convierten en el motor que impulsa el rendimiento de su empresa y, lo que es aún más emocionante, en el catalizador de un aumento en la rentabilidad. Al entender el papel fundamental de estas normas y cómo pueden moldear el destino de su organización, estarán equipados para tomar decisiones informadas y estratégicas que catapultarán su empresa hacia nuevos niveles de éxito y prosperidad.

Este libro no solo es una inversión en conocimiento, es una inversión en el futuro y el crecimiento sostenible de su empresa. Cada idea está diseñada para brindarle información valiosa y estratégica que puede implementar de inmediato. Imagine el impacto que unas normas internas efectivas pueden tener en la productividad, en la calidad de los productos o servicios, y en última instancia, en la salud financiera de su empresa. No espere a que la competencia le adelante, ¡tomen las riendas de su destino empresarial hoy mismo!

¿Qué es este libro?

Este libro no es un manual técnico sobre la redacción de normas empresariales, sino que va mucho más allá. Representa una visión estratégica que ilustra la trascendental importancia de las normas internas en la prosperidad y el crecimiento de su empresa. En sus páginas, encontrará una perspectiva que le permitirá comprender no solo cómo se estructuran las normas empresariales internas, sino por qué estas son el cimiento sobre el cual se erige una empresa exitosa.

Lejos de ser un compendio de detalles técnicos, este libro se adentra en el universo de las normas empresariales como elementos clave en la cultura organizacional y en la toma de decisiones estratégicas. Descubrirá cómo estas normativas impactan directamente en la eficiencia operativa, la satisfacción del cliente y, en última instancia, en los resultados económicos. Esta visión panorámica cambiará su perspectiva y le brindará las herramientas necesarias para guiar su empresa hacia un futuro de crecimiento sostenible y rentabilidad constante.

Introducción

La competencia en la estructuración de normas empresariales es una ventaja estratégica invaluable para las empresas. En primer lugar, esta habilidad fortalece la capacidad de comunicar de manera efectiva las políticas y procedimientos a todos los niveles. Con esta destreza, se pueden articular claramente las expectativas y regulaciones de la empresa, asegurando que todos los miembros del equipo comprendan y sigan las directrices establecidas. Esto promueve una mayor coherencia operativa y una gestión más eficaz de los recursos humanos.

Además, la competencia en la estructuración de normas empresariales otorga la capacidad de adaptar rápidamente las políticas a las cambiantes necesidades del mercado y de la organización. Se pueden modificar y actualizar las normas con agilidad para reflejar nuevas estrategias y prioridades empresariales. En un entorno empresarial dinámico, esta capacidad de respuesta ágil es esencial para mantenerse competitivo y relevante en el mercado.

A la postre, una mejor redacción de normas empresariales estratégicamente estructurada fomenta una cultura de responsabilidad y profesionalismo en la organización. Los empleados, se sienten más motivados a cumplir con las normas y adoptar un enfoque meticuloso y proactivo hacia su trabajo. Esto no solo mejora la eficiencia y la productividad, sino que también contribuye a la creación de un entorno de trabajo más cohesionado y orientado al logro de objetivos.

Tabla de contenido

Subestimar las normas empresariales internas ¿le suena conocido?

La falta de comprensión sobre el impacto de una estrategia y redacción adecuada de normas empresariales internas suele ser un problema común no visto entre los dueños de empresas y directores generales. En primer lugar, muchos de ellos subestiman el papel crucial que juegan estas normas en el funcionamiento de la organización. A menudo, se centran en aspectos más visibles como la producción o las ventas, sin darse cuenta de que una estructura interna bien definida es fundamental para el éxito a largo plazo. Esta perspectiva limitada puede llevar a la negligencia de la elaboración de políticas claras y efectivas.

Por otro lado, la falta de tiempo es otro factor determinante. Los líderes de empresas a menudo se encuentran inmersos en un ambiente de constante actividad y toma de decisiones estratégicas. En este contexto, la elaboración de políticas internas puede parecer una tarea secundaria o incluso prescindible. La urgencia de responder a las demandas inmediatas puede eclipsar la necesidad de establecer pautas a largo plazo, lo que resulta en políticas improvisadas y poco efectivas.

Además, existe una creencia errónea de que la confianza en los empleados elimina la necesidad de normas estrictas. Algunos líderes pueden pensar que si confían en su equipo, no es necesario definir detalladamente las reglas internas. Sin embargo, esta confianza no elimina la necesidad de tener pautas claras y consistentes para todos los miembros del equipo, ya que proporcionan un marco de referencia y evitan malentendidos.

Otro motivo común es la percepción de que la redacción de normas es un proceso burocrático y tedioso. Algunos directivos pueden ver este proceso como una pérdida de tiempo y recursos, sin reconocer que unas políticas bien redactadas pueden prevenir conflictos, reducir riesgos legales y fomentar un ambiente laboral más armonioso y productivo.

Asimismo, la falta de conocimiento sobre la importancia de la gestión de riesgos empresariales puede llevar a la subestimación de la relevancia de las normas internas. Al no comprender completamente los posibles impactos negativos de la falta de políticas claras, los líderes pueden no dar prioridad a este aspecto crítico de la gestión empresarial.

Finalmente, la falta de retroalimentación o experiencias previas negativas en relación con la ausencia de normas bien definidas puede llevar a la complacencia. Si una empresa ha operado sin problemas aparentes sin un conjunto claro de políticas, los líderes pueden no ver la necesidad de invertir tiempo y esfuerzo en su desarrollo. Sin embargo, esta aparente estabilidad puede ser engañosa y enmascarar problemas subyacentes que podrían surgir en el futuro sin las políticas adecuadas en su lugar.

LOS COSTOS OCULTOS: LA REALIDAD QUE NO SE VE, PERO SE NOTA

Los dueños de empresas y directores a menudo enfrentan una profunda preocupación respecto al éxito y la rentabilidad de sus organizaciones, especialmente cuando se trata de costos ocultos. Esta inquietud proviene de la falta de visibilidad y comprensión de los impactos financieros que estas deficiencias pueden tener en el negocio. Estos costos ocultos pueden afectar la eficiencia operativa, la productividad del personal y la capacidad de competir en un mercado cada vez más competitivo.

La incertidumbre acerca de estos costos desconocidos también puede generar un sentimiento de impotencia entre los líderes empresariales, ya que carecen de la información necesaria para tomar decisiones informadas y estratégicas. La falta de transparencia en la estructura de normas internas puede dificultar la identificación de problemas, lo que potencialmente lleva a la pérdida de oportunidades y a una gestión reactiva en lugar de proactiva.

Además, la preocupación radica en el impacto negativo que estos costos pueden tener en la rentabilidad a largo plazo de la empresa. Aspectos como la pérdida de clientes, alta rotación de empleados y costos legales imprevistos, entre otros factores que afectan directamente a la salud financiera de la empresa, son situaciones de ansiedad constante entre dueños y directivos. En última instancia, los dueños de las empresas y directores se esfuerzan por encontrar soluciones que les permitan identificar y mitigar estos costos ocultos, asegurando así un camino hacia el éxito empresarial sostenible y rentable.

¿Qué son los costos ocultos?

Los costos ocultos en el contexto empresarial se refieren a los gastos que no son inmediatamente evidentes en los estados financieros de una empresa, pero que tienen un impacto significativo en su rentabilidad y sostenibilidad. Estos costos a menudo son el resultado de deficiencias en la gestión interna, la falta de eficiencia operativa o la falta de claridad en las políticas y procesos empresariales. Los costos ocultos pueden manifestarse en diversas formas, como pérdida de tiempo, recursos mal asignados, errores y retrabajos, falta de calidad en los productos o servicios, entre otros.

Uno de los principales efectos de los costos ocultos en las empresas es su impacto en la rentabilidad. Estos costos pueden erosionar los márgenes de ganancia al reducir la eficiencia operativa y aumentar los gastos no planificados. Por ejemplo, los errores en la producción pueden requerir correcciones costosas, y la falta de claridad en las políticas de compras puede llevar a realizar adquisiciones a precios inflados. Además, los costos ocultos pueden afectar negativamente la percepción del cliente sobre la empresa, lo que puede resultar en una pérdida de confianza y lealtad de los clientes.

Las implicaciones para la rentabilidad y la permanencia en el mercado son considerables. Los costos ocultos pueden socavar la rentabilidad a corto plazo y disminuir la competitividad de la empresa a largo plazo. Esto puede llevar a una reducción en la cuota de mercado y una menor capacidad para invertir en innovación y desarrollo. Además, si no se controlan adecuadamente, los costos ocultos pueden acumularse con el tiempo y generar una carga financiera insostenible que pone en peligro la permanencia de la empresa en el mercado.

¿Por qué no es fácil ver los costos ocultos?

Los costos ocultos suelen pasar desapercibidos para los dueños y directores de empresas por varias razones. En primer lugar, estos costos tienden a surgir de procesos y prácticas internas, lo que los hace menos visibles en los informes financieros tradicionales. Los directivos suelen centrarse en los indicadores financieros más obvios, como ingresos y ganancias, y pueden pasar por alto los costos más sutiles que se acumulan en el fondo.

Así también, la falta de transparencia en la gestión interna puede ocultar estos costos. Las estructuras gerenciales a veces carecen de sistemas adecuados para rastrear y documentar estos gastos ocultos. Esto puede deberse a la falta de normas claras, a la inadecuada medición de procesos internos o a la ausencia de mecanismos para detectar ineficiencias operativas. En consecuencia, los costos ocultos pueden quedar fuera del radar de los líderes empresariales.

Otra razón es la complacencia o el conformismo en la cultura empresarial. Si una empresa ha estado operando de cierta manera durante mucho tiempo sin cuestionar sus procesos internos, es menos probable que se detecten y aborden los costos ocultos. Los directores y dueños pueden asumir que están operando de manera eficiente cuando en realidad hay margen para mejoras significativas.

Finalmente, los costos ocultos también pueden surgir debido a la falta de visión a largo plazo. Algunas empresas pueden centrarse en alcanzar objetivos a corto plazo, como cumplir con los informes trimestrales, en lugar de adoptar una perspectiva más amplia que evalúe los efectos acumulativos de costos ocultos a lo largo del tiempo. La falta de enfoque en la sostenibilidad a largo plazo puede dificultar la identificación y mitigación de estos costos en el presente.

Costos ocultos
y sus efectos en la empresa

La gestión eficaz de una empresa va más allá de lo que se refleja en los informes financieros estándar. A menudo, los costos ocultos operan en las sombras, fuera del alcance de los registros contables convencionales, pero tienen un impacto significativo en la rentabilidad y competitividad de una organización. Estos pueden surgir de áreas tan diversas como la rotación de personal, la insatisfacción de clientes, o la ineficiencia operativa. Cuantificar y comprender estos costos proporciona una visión más completa y precisa de la salud financiera de una empresa.

En este contexto, exploraremos los distintos aspectos que influyen en la cuantificación de estos costos ocultos, revelando su importancia en la gestión empresarial actual.

Como sugerencia, podría solicitar a sus equipos de trabajo una cuantificación de los costos ocultos que surgen en su empresa, tomando como referencia alguno de los temas que a continuación se detallan. Esta iniciativa le proporcionará una visión de las consecuencias que estos gastos inadvertidos pueden tener en su organización. Al comprender plenamente estos impactos, estará mejor preparado para implementar medidas que optimicen la eficiencia y la productividad en todos los niveles de la empresa.

¿Cuánto cuesta una demanda laboral?

A continuación, se muestra algunos de los costos que le podría generar a una empresa una demanda laboral por acoso sexual:

Honorarios Legales: Los costos asociados a la contratación de abogados y consultores legales para defender la empresa en el proceso legal.

Indemnización a la Parte Demandante: Pagos que la empresa podría verse obligada a realizar como resultado de un fallo judicial o un acuerdo extrajudicial.

Multas y Sanciones: Posibles multas impuestas por las autoridades laborales o civiles como consecuencia del acoso sexual en el lugar de trabajo.

Investigación Interna: Los gastos relacionados con la investigación interna para determinar la veracidad de las acusaciones y recopilar pruebas.

Capacitación y Sensibilización: Los costos de implementar programas de capacitación y sensibilización para prevenir el acoso sexual en el futuro.

Pérdida de Productividad: El tiempo y recursos dedicados a la gestión de la demanda, así como el ausentismo laboral de los empleados involucrados.

Reemplazo de Personal: Costos relacionados con la contratación y entrenamiento de nuevos empleados en caso de que los involucrados en la demanda deban ser despedidos o renuncien.

Daño a la Reputación: Pérdida de clientes, deterioro de la imagen de la empresa y costos relacionados con la gestión de crisis de relaciones públicas.

Costos de Seguros: Cambios en las primas de seguros o la necesidad de adquirir cobertura adicional para hacer frente a posibles demandas laborales.

Otros Gastos: Cualquier otro gasto directo o indirecto relacionado con la demanda laboral, como costos administrativos y de documentación.

Es importante recordar que estos costos pueden variar significativamente según la gravedad de la demanda, el resultado del proceso legal y las políticas y prácticas de la empresa.

¿Cuánto cuesta una mala estructura normativa operativa?

Una estructura deficiente de normas en el área de operaciones puede generar una serie de costos y problemas para una empresa. Aquí se muestra una lista de los posibles costos que una empresa podría enfrentar en esta situación:

Errores y Fallos Operativos: Costos asociados con errores en la producción, servicios o procesos debido a la falta de normas claras y efectivas.

Retrabajos y Correcciones: Gastos adicionales para corregir productos o servicios que no cumplieron con los estándares adecuados en la primera instancia.

Pérdida de Productividad: Disminución de la eficiencia y la productividad debido a la confusión sobre los procedimientos y la falta de dirección clara.

Desperdicio de Recursos: Gastos adicionales en materiales y recursos que se utilizan de manera ineficiente o incorrecta debido a la falta de pautas claras.

Retrasos en la Entrega: Costos adicionales asociados con retrasos en la entrega de productos o servicios debido a la falta de coordinación y procesos definidos.

Costos de Capacitación Adicionales: Gastos en programas de capacitación adicionales para corregir malentendidos y malas prácticas causadas por la falta de normas claras.

Daño a la Reputación: Pérdida de confianza por parte de los clientes y posibles daños a la imagen de la empresa debido a errores y retrasos.

Falta de Cumplimiento Normativo: Multas y sanciones por incumplimiento de regulaciones y normativas de la industria.

Rotación de Personal: Costos asociados con la contratación y capacitación de nuevos empleados debido a la insatisfacción o frustración por la falta de claridad en las operaciones.

Costos Legales: Gastos relacionados con posibles litigios o demandas que podrían surgir como resultado de errores operativos.

Dificultades en la Toma de Decisiones: Pérdida de tiempo y recursos debido a la falta de criterios claros para la toma de decisiones operativas.

Pérdida de Clientes: La insatisfacción de los clientes y la posible pérdida de negocios recurrentes debido a experiencias negativas.

¿Cuánto cuesta una mala estructura normativa en compras?

Una estructura deficiente de normas en el área de compras puede tener una serie de impactos negativos en una empresa. Aquí se muestra una lista de los posibles costos asociados a esta situación:

Sobreprecios en Compras: La falta de normas claras puede dar lugar a compras a precios más elevados de lo necesario, lo que afecta la rentabilidad de la empresa.

Ineficiencia en la Selección de Proveedores: Sin pautas claras, es posible que se seleccionen proveedores que no cumplan con los estándares de calidad o confiabilidad requeridos.

Incumplimiento de Contratos: La ausencia de normas puede llevar a errores en los términos y condiciones de los contratos, lo que puede resultar en costos adicionales para resolver los problemas.

Falta de Control de Inventarios: Una estructura deficiente de normas puede dificultar el control y seguimiento de inventarios, lo que puede resultar en costos adicionales por exceso o insuficiencia de inventario.

Falta de Estándares de Calidad: Sin pautas claras, es posible que se adquieran productos o materiales de calidad inferior, lo que puede resultar en devoluciones, reprocesos o costos de garantía.

Retrasos en las Adquisiciones: La falta de procedimientos estándar puede dar lugar a retrasos en el proceso de adquisición, lo que puede afectar la continuidad de la operación de la empresa.

Desaprovechamiento de Descuentos o Negociaciones: La falta de normas puede resultar en la pérdida de oportunidades para obtener descuentos por volumen u otras ventajas en las negociaciones con proveedores.

Aumento de Costos Logísticos: Una gestión deficiente de las compras puede llevar a problemas logísticos, como retrasos en la entrega o costos adicionales de transporte y almacenamiento.

Incumplimiento de Normativas y Regulaciones: Una estructura de normas deficiente puede hacer que la empresa incumpla regulaciones y normativas específicas de la industria, lo que puede resultar en sanciones y multas.

Pérdida de Confianza de Proveedores: La falta de cumplimiento de acuerdos o la falta de transparencia en los procesos de compra puede afectar la relación y la confianza con los proveedores, lo que puede tener implicaciones a largo plazo.

¿Cuánto cuesta una mala estructura normativa en ventas?

Una estructura deficiente de normas en el área de ventas puede generar una serie de costos y problemas para una empresa. A continuación, se proporcionan una lista de los posibles costos asociados:

Baja Productividad de los Vendedores: La falta de normas claras y efectivas puede llevar a una menor productividad entre los vendedores, lo que se traduce en una disminución de las ventas y los ingresos.

Falta de Enfoque en Clientes Potenciales y Oportunidades de Venta: Sin normas claras sobre la identificación y seguimiento de clientes potenciales, la empresa puede perder oportunidades valiosas de venta.

Errores en Cotizaciones y Propuestas: La falta de pautas para la elaboración de cotizaciones y propuestas puede llevar a errores, lo que puede resultar en pérdida de negocios y clientes.

Desalineación con Estrategias de Mercadotecnia: Si no se siguen las normas establecidas para la alineación entre el equipo de ventas y el equipo de marketing, se pueden desperdiciar esfuerzos y recursos en estrategias no efectivas.

Insatisfacción de Clientes y Devoluciones: Ventas basadas en promesas poco realistas o malentendidos pueden llevar a clientes insatisfechos y a un mayor número de devoluciones de productos o servicios.

Incumplimiento de Contratos y Acuerdos: Una estructura de normas deficiente puede dar lugar a la falta de cumplimiento de contratos o acuerdos con clientes, lo que puede tener consecuencias legales y costos asociados.

Falta de Seguimiento Postventa: La ausencia de normas para el seguimiento y atención postventa puede llevar a una menor retención de clientes y a una pérdida de oportunidades de venta adicional.

Falta de Coordinación entre Equipos de Ventas: Si no se establecen normas claras para la comunicación y colaboración entre los miembros del equipo de ventas, se pueden perder oportunidades de *cross-selling o up-selling*.

Rotación de Personal en el Equipo de Ventas: La falta de dirección y claridad puede aumentar la frustración de los vendedores, lo que puede resultar en una mayor rotación de personal y costos asociados a la contratación y entrenamiento de nuevos empleados.

Pérdida de Credibilidad y Reputación: Una estructura de normas deficiente puede llevar a promesas incumplidas y a una disminución de la credibilidad y reputación de la empresa en el mercado.

¿Cómo afecta al consumidor una mala estructura normativa interna?

Una mala estructura normativa en una empresa puede tener un impacto directo y negativo en el precio final de sus productos o servicios, lo que a su vez genera desventajas competitivas en el mercado.

En primer lugar, una falta de normas claras y eficientes puede dar lugar a ineficiencias operativas. Los procesos ineficientes aumentan los costos de producción, desde la adquisición de materias primas hasta la entrega del producto terminado. Estos costos adicionales se trasladan al precio final al consumidor.

Además, una estructura normativa deficiente puede resultar en errores y retrabajos. La falta de pautas claras puede llevar a la producción de productos defectuosos que deben ser corregidos o desechados, lo que aumenta los costos operativos. Estos costos también repercuten en el precio final que el consumidor debe pagar.

La variabilidad en la calidad del producto debido a normas inconsistentes puede afectar la satisfacción del cliente. Los consumidores esperan productos de alta calidad y, cuando experimentan productos de calidad inconsistente debido a una estructura normativa deficiente, es más probable que busquen alternativas en el mercado. Esto puede resultar en una pérdida de lealtad del cliente y una disminución de las ventas.

A largo plazo, una estructura normativa inadecuada también puede obstaculizar la capacidad de la empresa para adaptarse a las demandas cambiantes del mercado. Las empresas ágiles y flexibles pueden responder de manera efectiva a las tendencias y preferencias del consumidor, mientras que aquellas con una estructura normativa rígida pueden quedarse rezagadas. Esto puede llevar a una pérdida de cuota de mercado y a una disminución de la ventaja competitiva de la empresa.

En conclusión, una mala estructura normativa puede generar costos adicionales en la cadena de valor de una empresa, lo que se traduce en precios más altos para el consumidor final. Estos precios elevados pueden hacer que la empresa sea menos competitiva en el mercado, lo que pone en peligro su capacidad para retener a los clientes y enfrentar la competencia.

¿Por qué es fundamental cuantificar el costo de una mala estructura normativa interna?

Es fundamental cuantificar el costo que una mala estructura de normas empresariales internas genera para una empresa por varias razones cruciales. En primer lugar, proporciona una visión clara y objetiva de los impactos financieros y operativos de las deficiencias en las normas. Esto permite a la empresa entender cuánto está perdiendo en términos de eficiencia, productividad y rentabilidad. Al cuantificar estos costos, se obtiene una base sólida para tomar decisiones estratégicas orientadas a corregir las deficiencias y mejorar la gestión interna.

Además, la cuantificación de los costos de una mala estructura de normas también facilita la justificación de inversiones en la implementación de políticas y sistemas más efectivos. Esto es especialmente relevante cuando se considera la asignación de recursos para la mejora de la gestión interna, ya que se proporciona una evaluación concreta de los posibles retornos de inversión. Esta información es esencial para convencer a los *stakeholders* de la necesidad y beneficios de realizar cambios significativos en la estructura de normas de la empresa.

Por otro lado, la cuantificación de los costos permite establecer métricas y *KPIs* que facilitan el seguimiento y la evaluación de la eficacia de las nuevas políticas implementadas. Esto significa que la empresa puede medir el impacto real de las mejoras y ajustar las normas según sea necesario para optimizar aún más los procesos internos. Asimismo, proporciona una base de datos valiosa para comparaciones futuras, lo que facilita la identificación de tendencias y la toma de decisiones informadas sobre la gestión empresarial.

Finalmente, la cuantificación de los costos también es esencial para la comunicación efectiva tanto dentro como fuera de la empresa. Permite a los líderes y directivos explicar de manera clara y objetiva la necesidad de cambios en la estructura de normas a todos los niveles de la organización. También puede servir como una herramienta persuasiva en la comunicación con *stakeholders* externos, como inversores, reguladores y clientes, demostrando un compromiso genuino con la mejora continua y la eficiencia operativa.

Normas empresariales internas: significado, ámbito de aplicación e importancia para la empresa

Las normas desempeñan un papel fundamental en el mundo empresarial al proporcionar un marco de referencia sólido y coherente para el funcionamiento de una organización. Actúan como guías que definen las reglas, políticas y procedimientos que rigen la conducta y las operaciones internas.

A continuación nos adentraremos en explicar con mayor especificidad su estructura y alcances.

¿Qué es una norma empresarial?

Una norma empresarial es un conjunto de reglas, directrices o estándares establecidos por una empresa para regular el comportamiento y las acciones de sus empleados, así como para guiar la operación y la toma de decisiones dentro de la organización. Estas normas son fundamentales para establecer un marco de referencia claro y coherente que ayude a mantener el orden, la eficiencia y la consistencia en todas las actividades empresariales. Las normas empresariales pueden abarcar una amplia variedad de áreas, desde la ética y la conducta profesional hasta la seguridad en el trabajo, la gestión de datos y la calidad del producto o servicio.

En su esencia, una norma empresarial establece las expectativas y las responsabilidades de los empleados, definiendo lo que se considera aceptable o inaceptable en el contexto de la empresa. Esto puede incluir pautas específicas para la comunicación, la presentación de informes, la administración de recursos, el cumplimiento legal y regulatorio, entre otros aspectos. Las normas empresariales también pueden ser utilizadas para alinear las prácticas operativas con los valores y objetivos de la empresa, asegurando que todos los miembros de la organización trabajen en la misma dirección.

Las normas empresariales no solo sirven como guía para los empleados, sino que también pueden ser utilizadas como herramientas de gestión y control. Establecen un marco para evaluar el desempeño y la conformidad, lo que permite a la empresa medir y mejorar su eficiencia y efectividad en la búsqueda de sus metas. En esencia, es un componente básico de la cultura y la gobernanza de una empresa, facilitando la toma de decisiones coherentes y contribuyendo al éxito sostenible de la organización.

¿Cuál es el propósito de las normas internas en una empresa?

Establecer Parámetros Claros: El propósito principal de las normas internas es proporcionar orientación y establecer límites claros para el comportamiento y las actividades en el entorno laboral.

Promover la Coherencia y la Consistencia: Las normas aseguran que las decisiones y acciones dentro de la empresa se tomen de manera uniforme y en línea con los objetivos y valores de la organización.

Facilitar la Toma de Decisiones: Al tener normas bien definidas, los empleados pueden tomar decisiones informadas y alineadas con los intereses de la empresa, sin necesidad de buscar constantemente orientación.

Fomentar la Responsabilidad y la Rendición de Cuentas: Las normas establecen expectativas claras sobre el desempeño y el comportamiento de los empleados, lo que facilita la evaluación de su rendimiento y la toma de medidas cuando sea necesario.

Adaptarse a Cambios y Desafíos: Las normas pueden actualizarse para reflejar cambios en el entorno empresarial, la industria o las regulaciones, permitiendo a la empresa mantenerse ágil y responder eficazmente a nuevas circunstancias.

En definitiva, las normas internas son fundamentales para la operación eficiente y el éxito de una empresa. Proporcionan la estructura y la guía necesarias para que los empleados desempeñen sus roles de manera efectiva y en línea con los objetivos y valores de la organización. Además, contribuyen a mantener un ambiente de trabajo respetuoso, seguro y productivo.

Impacto de una inadecuada redacción de normas

Una redacción inadecuada de las normas internas puede tener una serie de consecuencias negativas para una empresa. Aquí se detallan algunas de las repercusiones más comunes:

Confusión y Malentendidos: Una redacción inadecuada puede llevar a interpretaciones erróneas o ambiguas de las normas. Esto puede generar confusión entre los empleados sobre lo que se espera de ellos, lo que a su vez puede resultar en un comportamiento no conforme.

Desigualdades y Arbitrariedades: Si las normas no están claramente definidas, existe el riesgo de que se apliquen de manera inconsistente. Esto puede dar lugar a percepciones de favoritismo o injusticia, lo que afecta la moral y la satisfacción de los empleados.

Ineficiencia Operativa: Normas mal redactadas pueden llevar a la ejecución ineficaz de tareas y procedimientos, ya que los empleados pueden tener dificultades para entender y seguir las instrucciones. Esto puede resultar en pérdida de tiempo y recursos.

Incumplimiento y Riesgos Legales: Una redacción inadecuada puede llevar a la no conformidad con regulaciones legales y normativas. Esto puede resultar en multas, sanciones y posibles litigios, lo que supone un riesgo financiero para la empresa.

Desmotivación y Desapego: Normas mal redactadas pueden generar frustración y desmotivación entre los empleados. Si perciben que las normas son confusas o injustas, es probable que disminuya su compromiso y productividad.

Aumento de Conflictos Internos: La ambigüedad en las normas puede dar lugar a malentendidos entre los empleados o entre los empleados y la dirección. Esto puede resultar en conflictos internos y tensiones en el lugar de trabajo.

Pérdida de Reputación: Si las normas no son claras y se aplican de manera inconsistente, puede afectar la percepción externa de la empresa. Esto puede llevar a una pérdida de confianza por parte de clientes, socios y otros stakeholders.

Desafíos en la Evaluación de Desempeño: Una redacción inadecuada de las normas puede dificultar la evaluación del desempeño de los empleados, ya que no se dispone de criterios claros para hacerlo.

Dificultad en la Adaptación al Cambio: Si las normas no se redactan de manera flexible, puede resultar difícil para la empresa adaptarse a cambios en el entorno empresarial o en la industria.

En resumen, una redacción inadecuada de las normas internas puede tener una amplia gama de consecuencias negativas que afectan la eficiencia operativa, la cultura organizacional y la reputación de la empresa.

Beneficios de las normas bien redactadas y organizadas

Una estructura de normas empresariales correctamente redactada y organizada conlleva una serie de beneficios económicos significativos para una empresa. En primer lugar, proporciona una mayor eficiencia operativa al establecer procesos claros y directrices para la realización de tareas y actividades comerciales. Esto reduce la posibilidad de errores y malentendidos, lo que a su vez minimiza el desperdicio de recursos y el tiempo dedicado a corregir problemas. Una mayor eficiencia operativa se traduce directamente en una reducción de los costos de producción y una mejora en la rentabilidad.

Además, una estructura de normas bien elaborada promueve un ambiente de trabajo más seguro y conforme a regulaciones. Al establecer protocolos para la seguridad en el lugar de trabajo y el cumplimiento normativo, la empresa reduce el riesgo de accidentes y sanciones legales asociadas a incumplimientos de normativas. La disminución de incidentes y multas resulta en ahorros considerables en seguros de responsabilidad civil y costos relacionados con la salud y seguridad laboral.

Asimismo, una estructura de normas empresariales organizada y clara facilita la toma de decisiones a todos los niveles de la organización. Los empleados pueden referirse a las políticas y procedimientos para obtener orientación sobre cómo abordar situaciones específicas. Esto agiliza el proceso de resolución de problemas y reduce la necesidad de supervisión constante, permitiendo que los empleados sean más independientes y productivos. Esta mayor autonomía se traduce en una utilización más eficaz del tiempo y los recursos, lo que contribuye a una mayor rentabilidad.

En definitiva, una estructura de normas empresariales bien elaborada mejora la reputación y la percepción de la empresa ante clientes, proveedores y socios comerciales. Demuestra un compromiso con la calidad, la integridad y el cumplimiento de estándares éticos y regulatorios. Esta reputación positiva puede resultar en un aumento de la confianza del cliente y en la fidelización de clientes existentes, lo que se traduce en un aumento de los ingresos y la participación en el mercado.

En resumen, una estructura de normas empresariales correctamente redactada y organizada genera una serie de beneficios económicos que impactan positivamente en la rentabilidad y la sostenibilidad a largo plazo de la empresa. Desde la mejora de la eficiencia operativa hasta la reducción de costos y el fortalecimiento de la reputación, una gestión efectiva de las normas empresariales es una inversión crucial para cualquier organización.

Empleados y máquinas: normas para ambos con alcances distintos

Las normas que rigen las acciones de las máquinas se centran en la programación y el funcionamiento técnico de los sistemas automatizados. Estas directrices son específicas y se basan en algoritmos, parámetros y secuencias de comandos predefinidos. Por ejemplo, en una línea de producción, las normas para una máquina de ensamblaje dictarían los movimientos precisos y el tiempo de funcionamiento necesario para realizar una tarea específica. El cumplimiento de estas normas depende de la precisión en la configuración y ejecución del software y hardware involucrado.

En contraste, las normas que orientan las acciones de los empleados en una empresa abarcan una gama mucho más amplia de comportamientos y expectativas. Estas incluyen aspectos éticos, profesionales y de conducta en el lugar de trabajo. Por ejemplo, las normas para los empleados podrían abordar temas como la puntualidad, la confidencialidad de la información, la comunicación efectiva y el respeto hacia colegas y superiores. Su cumplimiento se basa en la interpretación humana, la ética y el juicio personal, así como en la adhesión a las políticas y valores de la empresa.

Además, las normas para las máquinas son estáticas y no cambian a menos que se reprogramen o reconfiguren. En contraste, las normas para los empleados pueden evolucionar con el tiempo en respuesta a cambios en la cultura organizacional, en la industria o en las regulaciones gubernamentales. Los líderes y departamentos de recursos humanos tienen la responsabilidad de comunicar y actualizar regularmente estas normas para asegurarse de que estén alineadas con los objetivos y valores de la empresa.

En última instancia, aunque tanto las normas para máquinas como para empleados tienen un papel crucial en el funcionamiento efectivo de una empresa, difieren en su alcance y naturaleza. Las normas para máquinas se centran en la precisión técnica, mientras que las normas para empleados abarcan una amplia gama de comportamientos y expectativas éticas en el entorno laboral.

Los principios generales de las normas empresariales internas

Los principios estratégicos de redacción y estructuración de normas empresariales internas son pautas fundamentales que guían la manera en que una organización crea, redacta y organiza sus políticas y procedimientos internos. Estos principios están diseñados para asegurar que las normas sean claras, coherentes, relevantes y adaptables a medida que evoluciona la empresa y su entorno.

A continuación, se presentan de manera concisa los principios generales, junto con una breve descripción para facilitar su identificación. Más adelante, se abordará cada uno de ellos en detalle, ilustrándolos con ejemplos concretos de su aplicación.

Claridad y Precisión: Las normas deben ser redactadas de manera clara y precisa para evitar ambigüedades o malentendidos. Se deben utilizar términos específicos y lenguaje claro que deje poco margen a la interpretación.

Concisión: Las normas deben ser expresadas de manera directa y sin superfluos. Evitar la redundancia y asegúrarse de que cada palabra y frase sea necesaria y aporte significado.

Coherencia: Las normas deben seguir una estructura y estilo consistentes en todo el documento. Esto facilita la lectura y comprensión, permitiendo a los empleados navegar por el documento con facilidad.

Relevancia y Pertinencia: Cada norma debe ser relevante para la operación y los objetivos de la empresa. Evitar incluir información innecesaria o detallada que no contribuya al entendimiento de las responsabilidades.

Adaptabilidad: Las normas deben ser redactadas de manera que permitan su adaptación a cambios en las circunstancias o necesidades de la empresa. Deben ser lo suficientemente flexibles para acomodar situaciones no previstas inicialmente.

Empatía y Claridad para el Usuario: Las normas deben estar redactadas pensando en el público que las leerá. Es importante considerar el nivel de comprensión y conocimiento del lector, y adaptar el lenguaje en consecuencia.

Evitar Jerga y Tecnicismos: Se debe evitar el uso de términos técnicos o jerga que puedan ser desconocidos o confusos para el lector. Las normas deben ser comprensibles para todos los empleados, independientemente de su nivel de experiencia.

Inclusión de Ejemplos y Casos Prácticos: Donde sea relevante, es útil incluir ejemplos o casos prácticos que ilustren cómo aplicar la norma en situaciones reales.

Legibilidad y Presentación: Utiliza un formato limpio y organizado, con encabezados, listas, viñetas y espaciado adecuados. Una presentación visualmente atractiva facilita la lectura y comprensión.

Actualización y Revisión Continua: Las normas deben

ser revisadas y actualizadas regularmente para reflejar cambios en la operación o en la industria. Esto garantiza que las normas sigan siendo relevantes y efectivas a lo largo del tiempo.

Estos principios son fundamentales para asegurar que las normas empresariales cumplan su propósito de proporcionar orientación clara y efectiva a los empleados, así como de mantener la operación de la empresa alineada con sus objetivos y valores.

Claridad y Precisión

"Claridad y Precisión" en la redacción de normas empresariales son principios esenciales que aseguran que las políticas y procedimientos de una empresa se comuniquen de manera inequívoca y sin posibilidad de interpretaciones erróneas. La claridad implica que el mensaje sea directo, fácil de entender y libre de ambigüedades. Esto se logra utilizando un lenguaje claro y sencillo, evitando tecnicismos innecesarios o jerga que pueda confundir a los lectores. Por otro lado, la precisión se refiere a la exactitud y la rigurosidad en la formulación de las normas, de manera que no quede lugar a dudas sobre lo que se espera de los empleados.

Cuando las normas empresariales son claras y precisas, los empleados pueden comprender fácilmente lo que se espera de ellos y cómo deben proceder en diferentes situaciones. Esto reduce la posibilidad de malentendidos o interpretaciones erróneas, lo que a su vez disminuye la probabilidad de errores o incumplimientos involuntarios. Además, la claridad y precisión en la redacción de normas también son esenciales para la toma de decisiones y la gestión de situaciones conflictivas, ya que proporcionan un marco claro de referencia para resolver problemas y aplicar medidas correctivas cuando sea necesario.

En síntesis, la "Claridad y Precisión" en la redacción de normas empresariales son pilares fundamentales para establecer una comunicación efectiva y garantizar la comprensión y el cumplimiento de las políticas de la empresa. Al utilizar un lenguaje claro y evitar ambigüedades, las normas se convierten en herramientas efectivas para guiar el comportamiento y las acciones de los empleados, lo que contribuye a un ambiente de trabajo más eficiente y productivo.

EJEMPLOS

Ejemplo 1:

Norma: Uso de Dispositivos Móviles en el Área de Producción

"Está estrictamente prohibido utilizar teléfonos móviles o cualquier otro dispositivo electrónico en el área de producción. Esto incluye llamadas, mensajes de texto, navegación web y uso de aplicaciones. El incumplimiento de esta norma puede resultar en medidas disciplinarias, incluyendo la suspensión del acceso al área de producción."

En este ejemplo, la norma es clara y precisa al prohibir específicamente el uso de dispositivos móviles en el área de producción. No deja lugar a interpretaciones erróneas y establece claramente las acciones que están prohibidas. Además, se proporciona información sobre las posibles consecuencias del incumplimiento.

Ejemplo 2:

Política de Confidencialidad de la Empresa

"Todos los empleados tienen la responsabilidad de mantener la confidencialidad de la información empresarial. Esto incluye, pero no se limita a, datos de clientes, estrategias de negocio, y resultados financieros. No se debe divulgar esta información a terceros sin autorización previa del departamento de seguridad de la información. La violación de esta política puede resultar en acciones legales y la terminación del empleo.

En este segundo ejemplo, la política de confidencialidad es clara y precisa al enumerar los tipos de información que deben mantenerse confidenciales y al especificar que no debe ser compartida con terceros sin autorización. También se detallan las posibles consecuencias del incumplimiento de la política. Esto proporciona una guía clara a los empleados sobre cómo deben manejar la información confidencial de la empresa.

Concisión

"Concisión" en la redacción de normas empresariales se refiere a la capacidad de expresar información de manera clara y completa en un espacio o extensión mínimos. Implica eliminar cualquier palabra o frase superflua que no aporte valor o claridad al mensaje. Una norma empresarial concisa es directa y va al grano, evitando redundancias y ambigüedades. Esto facilita la comprensión rápida y efectiva por parte de los empleados, asegurando que sepan exactamente qué se espera de ellos sin perderse en detalles innecesarios.

La concisión es crucial en la redacción de normas empresariales porque ayuda a evitar malentendidos y reduce la posibilidad de interpretaciones erróneas. Al eliminar el exceso de información, se enfoca la atención en los aspectos más importantes y se facilita la asimilación de la norma. Además, la concisión también ahorra tiempo tanto en la redacción como en la lectura de las políticas y procedimientos, lo que es especialmente valioso en un entorno empresarial donde la eficiencia es clave.

Una norma empresarial concisa es clara y precisa, permitiendo a los empleados comprender rápidamente lo que se espera de ellos y cómo deben actuar en situaciones específicas. Esto promueve un ambiente de trabajo más eficiente y productivo, ya que los empleados pueden centrarse en realizar sus tareas en lugar de perder tiempo en la interpretación de políticas extensas y complejas. Es así que la concisión en la redacción de normas empresariales es esencial para una comunicación efectiva y para garantizar que las políticas se sigan adecuadamente en la práctica laboral diaria.

EJEMPLOS

Ejemplo 1:

Norma: Horarios de Entrada y Salida

"Los empleados deben llegar a la oficina a más tardar a las 9:00 a.m. y permanecer hasta las 6:00 p.m. Cualquier variación en el horario debe ser aprobada por el supervisor. Llegar tarde en más de tres ocasiones en un mes implicará la implementación de medidas disciplinarias."

Esta norma es concisa al establecer claramente los horarios de entrada y salida, así como las consecuencias del incumplimiento. No se incluyen detalles superfluos, lo que facilita la comprensión y aplicación por parte de los empleados.

Ejemplo 2:

Norma: Uso de Equipos de Protección Personal (EPP)

"Es obligatorio utilizar EPP en áreas designadas. Esto incluye casco, gafas de seguridad y guantes. No se permite el acceso sin el equipo adecuado. El incumplimiento resultará en la prohibición de entrada."

En este ejemplo, la norma es concisa al especificar claramente los elementos del equipo de protección personal requerido y las consecuencias del incumplimiento. Se evitan detalles innecesarios y la redacción se centra en la información esencial.

Coherencia

"Coherencia" en la redacción de normas empresariales se refiere a la necesidad de mantener una uniformidad y consistencia en el tono, estilo y terminología utilizados a lo largo de todo el documento. Esto implica que las normas deben estar redactadas de manera que todas las secciones y cláusulas se complementen y no generen contradicciones o confusiones entre sí. Una norma coherente presenta información de manera que cada punto respalde y se relacione de forma lógica con los demás, facilitando la comprensión y aplicación efectiva por parte de los empleados.

La coherencia es fundamental para evitar malentendidos y garantizar que las normas se interpreten de la misma manera por todos los lectores. Cuando las políticas y procedimientos están redactados de manera coherente, los empleados pueden confiar en que la información proporcionada es fiable y precisa. Esto promueve un ambiente de trabajo organizado y previsible, donde todos están en sintonía con las expectativas y responsabilidades establecidas por la empresa.

Una norma empresarial coherente también refleja la profesionalidad y la seriedad de la empresa en la gestión de sus políticas y procedimientos. Esto contribuye a una cultura empresarial sólida y a una imagen de confianza tanto para los empleados como para los *stakeholders* externos. En resumen, la coherencia en la redacción de normas empresariales es esencial para asegurar que la información sea comunicada de manera uniforme y que los empleados tengan una guía clara y consistente sobre cómo deben llevar a cabo sus responsabilidades.

EJEMPLOS

Ejemplo 1:

Norma: Horarios de Trabajo Flexibles

"Los empleados tienen la opción de solicitar horarios de trabajo flexibles para acomodar necesidades personales o familiares. Estas solicitudes deben presentarse al supervisor con al menos una semana de anticipación y deben estar justificadas. El supervisor evaluará cada solicitud caso por caso y determinará si es posible acomodarla sin afectar la operación del equipo. Se notificará al empleado la decisión final dentro de los tres días hábiles siguientes a la recepción de la solicitud."

En este ejemplo, la norma sobre horarios de trabajo flexibles mantiene coherencia en el proceso y los plazos establecidos. Se establece claramente el procedimiento para solicitar horarios flexibles, el criterio de evaluación y el plazo de respuesta. Cada parte de la norma se complementa y fluye de manera lógica, asegurando que los empleados comprendan cómo proceder.

Ejemplo 2:

Política de Viajes de Negocios

"Los empleados que requieran realizar viajes de negocios deben presentar una solicitud de autorización de viaje al departamento de administración. Esta solicitud debe incluir la justificación del viaje, el destino, las fechas y un estimado de los gastos asociados. Una vez aprobada la solicitud, se proporcionarán los recursos necesarios para el viaje, incluyendo boletos de avión, alojamiento y asignación diaria. Al regresar, los empleados deben presentar los comprobantes de gastos y un informe detallado de actividades durante el viaje."

En esta política de viajes de negocios, se mantiene la coherencia al establecer una secuencia lógica de pasos a seguir, desde la solicitud de autorización hasta la presentación de comprobantes y reporte de actividades. Cada sección se relaciona de manera natural y contribuye a la comprensión global del proceso de viajes de negocios en la empresa.

Relevancia y Pertinencia

"Relevancia y Pertinencia" en la redacción de normas empresariales se refieren a la importancia de que las políticas y procedimientos se enfoquen en aspectos críticos y directamente relacionados con las operaciones, los objetivos y los valores de la empresa. Esto significa que las normas deben abordar temas que tengan un impacto significativo en el desempeño y la conducta de los empleados, así como en la consecución de los objetivos de la organización. Las políticas deben estar alineadas con los desafíos y las necesidades actuales de la empresa, evitando la inclusión de información innecesaria o que no tenga una aplicación práctica en el entorno laboral.

La relevancia y pertinencia en la redacción de normas empresariales garantizan que estas políticas no se conviertan en un obstáculo innecesario o en una fuente de confusión para los empleados. Al centrarse en cuestiones críticas, las normas se vuelven más efectivas como guías para el comportamiento y las acciones. Además, al abordar directamente los desafíos y las necesidades de la empresa, las políticas se convierten en herramientas valiosas para mejorar la eficiencia operativa, la productividad y la cultura corporativa.

En resumen, las normas empresariales deben ser relevantes y pertinentes al contexto y los objetivos de la empresa. Esto asegura que las políticas tengan un impacto positivo en la organización y sean efectivas para guiar el comportamiento de los empleados. La eliminación de información no esencial y la concentración en lo esencial ayuda a que las normas sean más efectivas y fáciles de seguir.

EJEMPLOS

Ejemplo 1:

Norma: Uso de Herramientas Eléctricas

"Se requiere que todos los empleados que utilicen herramientas eléctricas completen un curso de capacitación en seguridad antes de su uso. Esto incluye taladros, sierras eléctricas y equipos similares. La capacitación se centra en el manejo seguro, el mantenimiento adecuado y la identificación de riesgos asociados con estas herramientas. Esta norma se aplica a todos los empleados que utilicen herramientas eléctricas como parte de sus tareas laborales."

En este ejemplo, la norma se enfoca específicamente en un tema relevante y pertinente para la seguridad en el lugar de trabajo: el uso de herramientas eléctricas. Se establece claramente quiénes deben completar la capacitación y qué herramientas están incluidas. Esta política es esencial para garantizar la seguridad de los empleados y es directamente relevante para aquellos que trabajan con herramientas eléctricas.

Ejemplo 2:

Política de Uso de Recursos Tecnológicos

"Los empleados tienen acceso a los recursos tecnológicos de la empresa, como computadoras, software y dispositivos móviles, con el propósito de llevar a cabo tareas laborales. Este acceso está sujeto a políticas específicas de uso, seguridad y protección de la información. Se prohíbe el uso de los recursos tecnológicos para actividades no relacionadas con el trabajo. Esta política se aplica a todos los empleados y contratistas que utilicen los recursos tecnológicos de la empresa."

En este segundo ejemplo, la norma aborda el uso de recursos tecnológicos, un tema crítico en el entorno laboral actual. Establece claramente quiénes tienen acceso y bajo qué condiciones, así como las restricciones de uso. Esta política es relevante y pertinente para todos los empleados que hacen uso de los recursos tecnológicos de la empresa en el desempeño de sus funciones.

Adaptabilidad

El principio de "adaptabilidad" en la redacción de normas empresariales se refiere a la capacidad de las políticas y procedimientos para acomodarse a situaciones excepcionales o cambiantes de manera flexible y efectiva. Esto implica que las normas no deben ser rígidas o inflexibles, sino que deben permitir ajustes o excepciones justificadas cuando sea necesario. La adaptabilidad reconoce que en un entorno empresarial dinámico, pueden surgir circunstancias imprevistas o situaciones únicas que requieran una respuesta diferente a lo establecido en las normas estándar.

La adaptabilidad en las normas empresariales es esencial para garantizar que las políticas sean aplicables y efectivas en una variedad de escenarios. Esto permite que los empleados y la dirección tomen decisiones informadas y razonables cuando se enfrentan a situaciones excepcionales. Sin embargo, es importante que la adaptabilidad esté sujeta a criterios claros y bien definidos para evitar abusos y mantener la integridad de las políticas.

Es así que el principio de "adaptabilidad" en la redacción de normas empresariales busca equilibrar la necesidad de establecer pautas y estándares con la capacidad de responder de manera flexible a situaciones cambiantes o excepcionales. Esto asegura que las políticas sean prácticas y efectivas en la vida real, sin comprometer la integridad de las normas.

EJEMPLOS

Ejemplo 1:

Norma: Horarios de Trabajo Flexibles

"Los empleados pueden solicitar horarios de trabajo flexibles para acomodar necesidades personales o familiares, como cuida-

do de hijos o asuntos de salud. Estas solicitudes serán evaluadas individualmente, y se buscará una solución que permita a los empleados cumplir con sus responsabilidades laborales sin afectar la operación del equipo. Siempre que sea posible, se ofrecerán soluciones que mantengan la continuidad del trabajo y el rendimiento del equipo. La adaptación de horarios no afectará negativamente los beneficios o la remuneración del empleado."

En este ejemplo, la norma sobre horarios de trabajo flexibles demuestra adaptabilidad al reconocer las necesidades personales y familiares de los empleados. Se establece un proceso claro para solicitar ajustes en los horarios, y se enfatiza la importancia de encontrar soluciones que no afecten negativamente la operación del equipo ni los beneficios de los empleados.

Ejemplo 2:

Política de Viajes de Negocios

"Los empleados que requieran realizar viajes de negocios deben seguir los procedimientos de autorización y planificación de viajes establecidos. Sin embargo, en situaciones excepcionales o emergencias, los empleados pueden tomar decisiones inmediatas para garantizar la continuidad de los negocios. En estos casos, los empleados deberán informar a su supervisor la justificación del viaje para su visto bueno."

Aquí se muestra adaptabilidad al permitir a los empleados

tomar decisiones inmediatas en situaciones excepcionales o de emergencia. Aunque se establecen procedimientos estándar de planificación de viajes, se reconoce que pueden surgir circunstancias imprevistas que requieran una respuesta flexible. Esto permite que la empresa se adapte a situaciones cambiantes sin comprometer la integridad de las políticas.

Empatía y Claridad para el Usuario

Los principios de "Empatía y Claridad para el Usuario" en la redacción de normas empresariales se centran en la necesidad de comprender y considerar las necesidades, perspectivas y limitaciones de quienes serán los usuarios principales de estas normas: los empleados. La empatía implica ponerse en el lugar de los empleados y comprender sus preocupaciones, preguntas y desafíos al interactuar con las normas. La claridad se refiere a la presentación de la información de manera accesible y fácil de entender, evitando tecnicismos innecesarios o jerga que pueda dificultar la comprensión.

La empatía hacia los usuarios de las normas empresariales implica la capacidad de anticipar las preguntas y preocupaciones que los empleados podrían tener al leer o aplicar estas políticas. Esto puede incluir la provisión de ejemplos prácticos, ejemplos de casos reales y respuestas a preguntas frecuentes para ayudar a los empleados a comprender cómo aplicar las normas en situaciones cotidianas. La empatía también implica la disposición a recibir retroalimentación de los empleados y realizar ajustes en las normas en función de sus comentarios y necesidades.

La claridad para el usuario se refiere a la presentación de la información de manera que sea fácil de entender para un público general. Esto implica el uso de un lenguaje claro y sencillo, estructuras organizativas lógicas y la minimización de la jerga técnica o legal que pueda resultar confusa. Las normas deben estar diseñadas de manera que los empleados puedan encontrar rápidamente la información relevante y entender cómo deben actuar en diferentes situaciones.

EJEMPLOS

Ejemplo 1:

Norma: Procedimiento de Reporte de Acoso Laboral

"La empresa está comprometida en proporcionar un ambiente laboral seguro y respetuoso para todos los empleados. Si experimentas o presencias algún comportamiento que consideres acoso laboral, te alentamos a que lo reportes de inmediato. Puedes comunicarte con tu supervisor, el departamento de Recursos Humanos o utilizar el sistema de denuncias anónimas. Entendemos que esta situación puede ser difícil, por lo que tomaremos medidas para asegurarnos de proteger tu confidencialidad y tomar medidas para abordar el problema de manera efectiva."

En este ejemplo, la norma sobre el reporte de acoso laboral demuestra empatía al reconocer la sensibilidad del tema y brindar opciones claras y comprensibles para los empleados. Se enfoca en la importancia de proporcionar un ambiente seguro y respetuoso, y ofrece múltiples canales para reportar el acoso. Además, se asegura de que la confidencialidad del denunciante sea una prioridad.

Ejemplo 2:

Política de Permiso por Enfermedad

"Entendemos que puede haber momentos en los que te encuentres enfermo y no puedas asistir al trabajo. Si te enfrentas a esta situación, te pedimos que notifiques a tu supervisor lo antes posible. Para solicitar un permiso por enfermedad, simplemente envía un correo electrónico a tu supervisor indicando la razón de tu ausencia y la duración estimada. Nos preocupamos por tu bienestar y queremos asegurarnos de que recibas el apoyo necesario durante tu ausencia."

Esta norma sobre permiso por enfermedad muestra empatía al reconocer que los empleados pueden enfrentar situaciones de salud imprevistas. Ofrece un proceso claro y sencillo para solicitar el permiso, facilitando a los empleados la comunicación de su situación. La norma también enfatiza la importancia del bienestar de los empleados, demostrando un enfoque empático hacia su salud y bienestar.

Evitar Jerga y Tecnicismos

Los principios de "Evitar Jerga y Tecnicismos" en la redacción de normas empresariales se centran en la necesidad de comunicar la información de manera clara y comprensible para todos los empleados, independientemente de su nivel de experiencia o conocimientos técnicos. Esto implica el uso de un lenguaje sencillo y directo, evitando términos técnicos o jerga que puedan resultar confusos o inaccesibles para algunas personas. Al adherirse a este principio, las normas se vuelven más accesibles y fáciles de entender, promoviendo una mejor comprensión y cumplimiento por parte de los empleados.

Evitar jerga y tecnicismos significa utilizar un lenguaje claro y conciso que pueda ser entendido por todos los lectores, sin importar su nivel de familiaridad con el tema. En lugar de utilizar términos técnicos específicos de una industria o campo, se opta por palabras y frases que sean fácilmente comprensibles para un público general. Esto asegura que las normas sean accesibles para todos los empleados, independientemente de su formación o experiencia en el área.

Al aplicar este principio, se busca eliminar barreras lingüísticas y garantizar que todas las partes interesadas puedan acceder y comprender la información contenida en las normas. Esto promueve una cultura empresarial inclusiva y transparente, donde la comunicación efectiva es clave para el entendimiento mutuo y el cumplimiento de las políticas y procedimientos.

EJEMPLOS

Ejemplo 1:

Política de Seguridad de Contraseñas

"La seguridad de las contraseñas es esencial para proteger nuestros sistemas y datos. Al establecer contraseñas, asegúrate de que sean fuertes y únicas. Evita utilizar información personal o palabras comunes. Deben contener una combinación de letras mayúsculas y minúsculas, números y caracteres especiales. No compartas tus contraseñas con otros y cámbialas regularmente. Si necesitas ayuda para crear o cambiar una contraseña, comunícate con el departamento de tecnología de la información."

Esta norma sobre seguridad de contraseñas sigue el principio de evitar jerga y tecnicismos al proporcionar directrices claras y comprensibles para la creación y gestión de contraseñas. Utiliza un lenguaje sencillo y accesible, destacando la importancia de contraseñas fuertes y únicas sin entrar en detalles técnicos innecesarios. Esto asegura que todos los empleados puedan entender y seguir las recomendaciones de manera efectiva.

Ejemplo 2:

Norma: Política de Seguridad en el Manejo de Sustancias Químicas

"Para garantizar un ambiente de trabajo seguro, es fundamental seguir las pautas de manejo de sustancias químicas. Antes de manipular cualquier sustancia, asegúrate de estar familiarizado con las instrucciones de seguridad proporcionadas. Usa siempre el equipo de protección personal designado y sigue los procedimientos detallados en las hojas de seguridad de los productos. Si tienes alguna pregunta o inquietud, no dudes en comunicarte con tu supervisor o el departamento de seguridad."

Esta norma sobre el manejo de sustancias químicas se adhiere al principio de evitar jerga y tecnicismos al proporcionar instrucciones claras y directas. Utiliza un lenguaje sencillo y accesible, evitando términos técnicos que puedan resultar confusos para algunos empleados. Además, enfatiza la importancia de la seguridad y ofrece canales de comunicación claros para consultas.

Inclusión de Ejemplos y Casos Prácticos

Los principios de "Inclusión de Ejemplos y Casos Prácticos" en la redacción de normas empresariales se centran en la necesidad de proporcionar a los empleados ejemplos concretos y situaciones prácticas que ilustren cómo aplicar las políticas y procedimientos en el entorno laboral. Esto tiene como objetivo facilitar la comprensión y la aplicación de las normas al mostrar de manera clara y tangible cómo deben actuar en situaciones específicas. La inclusión de ejemplos y casos prácticos ayuda a los empleados a visualizar mejor cómo las políticas se traducen en acciones concretas y a tomar decisiones informadas.

Los ejemplos y casos prácticos permiten a los empleados relacionar las normas con situaciones de la vida real en su lugar de trabajo. Esto les ayuda a comprender mejor el propósito y el alcance de las políticas y a identificar cuándo y cómo deben aplicarlas en situaciones específicas. Los ejemplos también pueden destacar posibles consecuencias de acciones o decisiones, lo que puede fomentar un mayor cumplimiento de las políticas.

Además, la inclusión de ejemplos y casos prácticos puede ser especialmente beneficiosa en la capacitación de nuevos empleados, ya que les proporciona orientación práctica sobre cómo comportarse y tomar decisiones dentro de la cultura corporativa y las políticas de la empresa.

EJEMPLOS

Ejemplo 1:

Norma: Prevención de Acoso Laboral

"La empresa está comprometida en proporcionar un ambiente laboral seguro y respetuoso para todos los empleados. El acoso laboral puede adoptar diversas formas, incluyendo comentarios despectivos, burlas o actitudes intimidatorias. Por ejemplo, si un empleado se siente constantemente menospreciado o ridiculizado por un compañero de trabajo, eso podría ser considerado acoso.

Es importante que los empleados reconozcan estas situaciones y se sientan seguros al reportarlas a su supervisor o al departamento de Recursos Humanos."

Este ejemplo sobre la prevención de acoso laboral incluye un caso práctico que ilustra qué puede considerarse como acoso en el lugar de trabajo. Proporciona un ejemplo concreto de comportamiento inapropiado, como comentarios despectivos o burlas, para ayudar a los empleados a identificar situaciones potenciales de acoso.

Ejemplo 2:

Norma: No Discriminación y Diversidad en el Empleo

"La empresa promueve un ambiente de trabajo inclusivo y libre de discriminación. La discriminación puede ocurrir por diversas razones, incluyendo el género, la edad, la orientación sexual o la afiliación religiosa. Por ejemplo, si un candidato no es seleccionado para un puesto basado en su edad en lugar de sus habilidades y experiencia, eso constituye discriminación. Es importante que los empleados estén conscientes de estas situaciones y que reporten cualquier incidente de discriminación a Recursos Humanos."

Esta norma sobre no discriminación y diversidad en el empleo presenta un ejemplo concreto de lo que podría considerarse discriminación en el proceso de selección de personal.

Al mencionar específicamente el caso de no seleccionar a un candidato debido a su edad, la norma proporciona un ejemplo práctico que ayuda a los empleados a comprender y reconocer situaciones de discriminación en el entorno laboral.

Legibilidad y Presentación

Los principios de "Legibilidad y Presentación" en la redacción de normas empresariales se centran en la forma en que la información es presentada y organizada en el documento. La legibilidad se refiere a la facilidad con la que los empleados pueden leer y comprender el contenido. Esto implica el uso de un tamaño de fuente adecuado, una estructura clara de párrafos y secciones, así como un lenguaje claro y directo. La presentación se refiere a cómo se presenta visualmente el documento, incluyendo el uso de viñetas, tablas, gráficos y otros elementos visuales que ayuden a destacar y organizar la información de manera efectiva.

La legibilidad es esencial para garantizar que los empleados puedan acceder y comprender fácilmente el contenido de las normas empresariales. Un texto bien organizado y con un lenguaje claro facilita la absorción de la información y reduce la posibilidad de malentendidos. Además, la legibilidad también tiene en cuenta aspectos como el uso adecuado de párrafos y títulos, que permiten una lectura más fluida y comprensible.

La presentación visual del documento también desempeña un papel crucial en la efectividad de las normas empresariales.

El uso de elementos visuales como viñetas, tablas y gráficos puede hacer que la información sea más accesible y fácil de recordar para los empleados. Estos elementos pueden resaltar puntos clave, proporcionar ejemplos visuales y ayudar a estructurar la información de manera que sea más digerible.

Así, los principios de "Legibilidad y Presentación" en la redacción de normas empresariales se centran en hacer que el contenido sea fácilmente comprensible y visualmente atractivo para los empleados.

EJEMPLOS

Ejemplo 1:

Norma: Horario de Comida

"Para mantener un flujo de trabajo eficiente y asegurar que todos los empleados tengan la oportunidad de tomar un descanso adecuado, se establece el siguiente horario de comida:

Turno de Mañana: El horario de comida será de 12:00 p.m. a 1:00 p.m.

Turno de Tarde: El horario de comida será de 6:00 p.m. a 7:00 p.m.

Asegúrate de tomar tu tiempo de comida dentro de estos rangos para mantener el ritmo de trabajo y permitir a tus compañeros también tomar su descanso. Si hay circunstancias excepcionales que requieren un ajuste en el horario, consulta con tu supervisor.

En este ejemplo, se presenta claramente el horario de comida para los diferentes turnos de trabajo. La información se organiza de manera que sea fácilmente legible, con viñetas que resaltan los horarios de manera clara y concisa. Esto facilita a los empleados comprender cuándo deben tomar su tiempo de comida, contribuyendo a un flujo de trabajo más eficiente.

Ejemplo 2:

Norma: Equipo de Protección para Trabajo Químico

"Cuando estés trabajando en áreas donde se manejen sustancias químicas, es imperativo que utilices el equipo de protección adecuado. Esto incluye:

1. *Guantes de nitrilo para proteger las manos del contacto con productos químicos.*
2. *Gafas de seguridad para proteger los ojos de salpicaduras o aerosoles.*
3. *Delantal resistente a productos químicos para proteger la ropa de posibles derrames.*
4. *Respirador con filtro para evitar la inhalación de vapores nocivos.*

Asegúrate de inspeccionar tu equipo antes de cada uso y reem-

plazarlo si muestra signos de desgaste. Si no estás seguro de qué equipo utilizar en una situación."

En esta norma sobre el uso de equipo de protección para trabajo químico, se presenta una lista clara y organizada de los elementos necesarios. Cada elemento está numerado, lo que facilita la identificación y comprensión de los requisitos de protección. La presentación visual de la información en forma de lista ayuda a destacar los elementos clave, contribuyendo a una mejor retención y cumplimiento de la norma.

Actualización y Revisión Continua

Los principios de "Actualización y Revisión Continua" en la redacción de normas empresariales se centran en la importancia de mantener el contenido de las políticas y procedimientos actualizado y relevante a lo largo del tiempo. Esto implica un compromiso constante de revisar y ajustar las normas para reflejar cambios en la industria, la legislación, la tecnología y las necesidades organizativas. La actualización y revisión continua garantiza que las normas sigan siendo efectivas y aplicables a medida que la empresa evoluciona y se adapta a nuevas circunstancias.

La actualización y revisión continua es esencial para garantizar que las normas empresariales sigan siendo relevantes y efectivas en un entorno empresarial en constante cambio. Esto implica la evaluación regular de las políticas y procedimientos para identificar áreas que requieran modificaciones, mejoras o aclaraciones. Además, también se considera la retroalimentación de los empleados y las experiencias pasadas para identificar posibles áreas de mejora en las normas existentes.

La revisión constante no solo asegura la conformidad con las regulaciones y requisitos legales cambiantes, sino que también facilita la adaptación a nuevas prácticas y estándares de la industria. Esto contribuye a mantener un ambiente laboral seguro, eficiente y en línea con las mejores prácticas. En resumen, los principios de "Actualización y Revisión Continua" son fundamentales para garantizar que las normas empresariales se mantengan vigentes y efectivas a lo largo del tiempo, lo que contribuye a una gestión eficiente y al cumplimiento de los objetivos organizativos.

EJEMPLOS

Ejemplo 1:

Norma: Uso y Mantenimiento de Equipos Tecnológicos

"Para asegurar un rendimiento óptimo y la seguridad de la información, es esencial seguir las pautas relacionadas con el uso y mantenimiento de los equipos tecnológicos de la empresa. Los empleados deben utilizar solo el equipo asignado para tareas laborales y no deben descargar software no autorizado. Además, se debe mantener actualizado el software de seguridad proporcionado por la empresa para proteger contra amenazas cibernéticas. Esta norma se revisará y actualizará anualmente para incorporar las últimas medidas de seguridad y tecnologías disponibles."

Este ejemplo sobre el uso y mantenimiento de equipos tecnológicos enfatiza la importancia de mantener actualizado el software de seguridad. Además, indica claramente que la norma se revisará y actualizará anualmente para garantizar que refleje las últimas medidas de seguridad y tecnologías disponibles.

Ejemplo 2:

Norma: Política de Trabajo desde el Hogar

"Dadas las circunstancias cambiantes y la evolución del entorno laboral, la empresa reconoce la importancia del trabajo desde el hogar como una opción viable. Esta política será revisada trimestralmente para asegurarse de que siga siendo relevante y efectiva para los empleados y la empresa. Cualquier actualización se comunicará de manera clara a todos los miembros del equipo para garantizar una transición sin problemas y una comprensión clara de las expectativas y responsabilidades."

En este ejemplo, se destaca el compromiso de la empresa con la revisión trimestral de la política de trabajo desde el hogar. Esto asegura que la política se mantenga relevante y efectiva a medida que evolucionan las circunstancias laborales y las necesidades de los empleados. La comunicación clara de las actualizaciones también es un aspecto importante para asegurar que todos los empleados estén al tanto de cualquier cambio en las expectativas y responsabilidades.

La estrategia estructural
de las normas empresariales internas

Tener una estrategia estructural sólida para las normas empresariales internas es de suma importancia por varias razones fundamentales. En primer lugar, proporciona una guía organizada y accesible para todos los miembros de la organización. Una estructura bien definida facilita la búsqueda y referencia de políticas específicas, lo que ahorra tiempo y reduce la posibilidad de malentendidos. Cuando las normas están organizadas de manera lógica y secuencial, los empleados pueden comprender mejor su rol y responsabilidades dentro de la empresa.

En segundo lugar, una estrategia estructural eficaz contribuye a la coherencia y consistencia en toda la organización. Al agrupar las normas por categorías afines o áreas funcionales, se promueve la uniformidad en la aplicación de políticas en diferentes departamentos y equipos. Esto evita la creación de interpretaciones divergentes y mantiene una cultura organizativa unificada, donde las reglas se aplican de manera justa y equitativa para todos.

Además, la estrategia estructural también facilita la gestión y actualización continua de las normas empresariales internas. Las políticas deben ser adaptables a medida que cambian las circunstancias y los desafíos empresariales. Tener un marco estructural claro permite identificar cuándo es necesario revisar y modificar las normas, garantizando así que la organización siga siendo ágil y pueda responder eficazmente a las transformaciones del mercado y las regulaciones.

Cómo organizar la estructura normativa de la empresa

Como ya se comentó, es importante organizar las normas empresariales de manera que los empleados tengan acceso rápido y puedan adaptarse ágilmente a los cambios normativos, aquí se muestran algunas sugerencias para lograrlo:

Jerarquía Clara: Organiza las normas en una jerarquía clara y estructurada. Comienza con un índice general que enumere las categorías principales de normas (por ejemplo, políticas de recursos humanos, salud y seguridad, ética, etc.). Luego, desglosa cada categoría en subcategorías y normas específicas.

Nomenclatura Consistente: Utiliza una nomenclatura coherente para nombrar las normas, como "Política de [Nombre de la Política]" o "Procedimiento para [Nombre del Procedimiento]". Esto facilitará la búsqueda y la identificación de las normas.

Uso de Códigos o Etiquetas: Asigna códigos o etiquetas a cada norma para categorizarlas aún más. Por ejemplo, puedes usar etiquetas como "RH" para recursos humanos o "SEG" para seguridad. Esto permitirá a los empleados identificar rápidamente la categoría a la que pertenece una norma.

Acceso Digital Centralizado: Proporciona un acceso centralizado a las normas a través de una plataforma digital. Esto puede ser un portal en línea o un sistema de gestión de documentos. Asegúrate de que la plataforma sea fácil de navegar y de búsqueda rápida.

Motor de Búsqueda Eficiente: Implementa un motor de búsqueda eficiente que permita a los empleados buscar normas por palabras clave, códigos, fechas de revisión y otros criterios relevantes. Cuanto más robusto sea el motor de búsqueda, más rápido podrán encontrar la información necesaria.

Actualizaciones Notificadas: Establece un sistema de notificaciones para informar a los empleados sobre las actualizaciones y cambios en las normas. Esto les permitirá mantenerse al día con las modificaciones normativas y adaptarse rápidamente.

Evolución Normativa Transparente: Cuando se realicen cambios en una norma, asegúrate de que haya un registro claro de versiones anteriores y las fechas de revisión. Esto ayudará a los empleados a identificar las actualizaciones y entender cómo han evolucionado las normas.

Capacitación Continua: Proporciona capacitación continua a los empleados sobre cómo acceder y utilizar eficazmente el sistema de normas empresariales. Esto incluye la orientación sobre cómo buscar, entender y aplicar las normas.

Comunicación Proactiva: Mantén una comunicación proactiva con los empleados sobre cambios normativos importantes. Esto puede incluir correos electrónicos informativos, reuniones informativas o resúmenes de cambios clave.

Retroalimentación de los Empleados: Invita a los empleados a proporcionar retroalimentación sobre la usabilidad y la eficacia del sistema de normas. Sus comentarios pueden ayudar a realizar mejoras continuas.

¿Es necesario construir una nueva estructura de normas empresariales internas?

Respetar la estructura de normas empresariales que ya existe en una empresa es de suma importancia por varias razones que contribuyen a una gestión efectiva y eficiente.

En primer lugar, la estructura existente sirve como un marco establecido que ha sido desarrollado a lo largo del tiempo para abordar las necesidades y desafíos específicos de la organización. Esta estructura es el resultado de la experiencia acumulada y la adaptación a circunstancias cambiantes, por lo que ya refleja un grado de eficacia.

En segundo lugar, respetar la estructura existente facilita la transición para los empleados. Si se mantiene una estructura de normas coherente, los empleados no tienen que aprender un nuevo conjunto de pautas desde cero cada vez que se actualizan las normas. Esto reduce la confusión y la resistencia al cambio, ya que los empleados pueden identificar y entender la relación entre las normas existentes y las actualizaciones.

Además, partir de la estructura existente permite una evaluación más eficaz de las deficiencias o áreas de mejora en las normas actuales. Al mantener una base sólida, es más fácil identificar dónde se necesita una revisión o una aclaración y enfocar los esfuerzos en esas áreas específicas. Esto ahorra tiempo y recursos al evitar la necesidad de rehacer completamente todas las normas.

Creación, adecuación o mejora de normas ¿cuándo realizarlas?

La creación, adecuación o mejora de las normas empresariales debe llevarse a cabo en diversas situaciones y contextos específicos para garantizar una gestión efectiva de las políticas y procedimientos de la organización.

La creación de nuevas normas empresariales es necesaria cuando la empresa enfrenta un cambio significativo en sus operaciones, estrategia o estructura organizativa. Esto puede deberse a la expansión a nuevos mercados, la adquisición de otra empresa o la introducción de tecnologías innovadoras. En estos casos, se requieren nuevas normas para abordar los desafíos y oportunidades específicos que surgen de tales cambios.

La adecuación de las normas existentes es esencial cuando se producen cambios en el entorno normativo o legal. Las leyes y regulaciones cambian con el tiempo, y las normas empresariales deben estar alineadas con estas actualizaciones para garantizar el cumplimiento legal. Además, las normas deben ajustarse cuando la empresa experimenta un crecimiento o una evolución en su cultura organizativa, estrategia o valores.

La mejora de las normas empresariales es un proceso continuo que se lleva a cabo en respuesta a la retroalimentación de los empleados y la identificación de oportunidades de optimización. Las normas pueden mejorarse para ser más claras, concisas, efectivas y relevantes. Esto puede implicar simplificar procesos, eliminar redundancias o mejorar la comunicación interna. La mejora constante es fundamental para mantener la eficiencia y la eficacia de las normas empresariales a lo largo del tiempo.

En última instancia, la estructura existente puede servir como un activo valioso en la cultura organizativa. Los empleados pueden sentir que las normas se han desarrollado con su participación y consideración, lo que contribuye a una mayor aceptación y cumplimiento. Además, muestra que la empresa valora su historia y su experiencia acumulada, lo que puede fortalecer la cohesión y la identidad de la organización.

Tipos generales de normas empresariales internas

Para un funcionamiento eficiente y eficaz, una empresa debe contar con varios tipos de normas empresariales que aborden diferentes aspectos de su operación. Estos son algunos de los tipos de normas más importantes que una empresa suele necesitar:

Normas de Recursos Humanos: Estas normas se refieren a políticas y procedimientos relacionados con la contratación, capacitación, evaluación del desempeño, promociones, licencias, código de vestimenta y otros aspectos relacionados con el personal.

Normas de Salud y Seguridad: Estas normas se centran en garantizar la seguridad de los empleados y la integridad de las instalaciones. Incluyen procedimientos para situaciones de emergencia, capacitación en seguridad, equipo de protección personal y pautas para el uso seguro de maquinaria y productos químicos.

Normas de Ética y Conducta: Estas normas establecen pautas para el comportamiento ético en el lugar de trabajo, abordando temas como el conflicto de intereses, el acoso laboral, la discriminación y la conducta profesional.

Normas de Calidad: Estas normas definen los estándares de calidad para productos o servicios específicos. Se enfocan en procesos de producción, control de calidad y satisfacción del cliente.

Normas de Comunicación Interna y Externa: Estas normas establecen protocolos de comunicación, tanto dentro de la empresa como con clientes, proveedores y otras partes interesadas. Pueden incluir directrices para el uso de correo electrónico, redes sociales y otros canales de comunicación.

Normas Financieras y Contables: Estas normas regulan la gestión financiera de la empresa, incluyendo la contabilidad, la presentación de informes financieros, la auditoría interna y la gestión de gastos.

Normas de Cumplimiento Legal y Regulatorio: Estas normas aseguran que la empresa cumpla con todas las leyes y regulaciones aplicables en su industria y ubicación geográfica.

Esto puede incluir normativas fiscales, laborales, ambientales y comerciales.

Normas de Continuidad del Negocio: Estas normas se centran en la planificación y respuesta a situaciones de crisis, como desastres naturales, ciberataques o interrupciones en la cadena de suministro.

Normas de Tecnología de la Información: Estas normas abordan la gestión de sistemas informáticos, seguridad cibernética, políticas de contraseñas y uso adecuado de la tecnología en el trabajo.

Normas de Responsabilidad Social Empresarial: Estas normas se relacionan con las prácticas sostenibles y responsables de la empresa, incluyendo temas como la gestión ambiental, la responsabilidad social y las relaciones con la comunidad.

Normas de Gestión de Crisis y Continuidad del Negocio: Estas normas están visualizadas para, entre otras, procedimientos para la gestión de situaciones de crisis, planes de contingencia y recuperación ante desastres, políticas para garantizar la continuidad del negocio.

Estos son algunos ejemplos de los tipos de normas empresariales esenciales, no obstante, éstas pueden variar según la industria, el tamaño de la empresa y su ubicación geográfica.

Verbos de las acciones más importantes en la redacción de normas empresariales

Es importante conocer los verbos utilizados en la redacción de normas internas empresariales porque estos verbos definen las acciones y responsabilidades específicas que deben seguirse en la organización. A continuación se presenta una lista de verbos comúnmente utilizados para redactar normas empresariales, junto con las acciones a las que están dirigidos:

1. **Prohibir**: Acción de vetar o no permitir ciertos comportamientos o actividades en la empresa.

2. **Obligar**: Establecer la obligación de llevar a cabo ciertas acciones o seguir determinados procedimientos.

3. **Permitir**: Indicar qué acciones o comportamientos son aceptables y están permitidos en la empresa.

4. **Definir**: Especificar claramente los términos, condiciones o requisitos relacionados con ciertas actividades.

5. **Establecer**: Crear o instituir políticas, procedimientos o estándares específicos.

6. **Mantener**: Indicar la necesidad de mantener ciertos estándares, prácticas o registros.

7. **Seguir**: Instruir a los empleados a seguir ciertos procesos, pautas o procedimientos.

8. **Reportar**: Indicar la necesidad de informar sobre ciertas situaciones, eventos o incidentes.

9. **Registrar**: Establecer la obligación de mantener registros o documentación precisa de ciertas actividades.

10. **Evaluar**: Indicar la necesidad de realizar evaluaciones, revisiones o auditorías periódicas.

11. **Comunicar**: Establecer la importancia de la comunicación efectiva dentro de la empresa.

12. **Capacitar**: Instruir a los empleados para recibir formación, capacitación o inducción específica.

13. **Revisar**: Indicar la necesidad de revisar y actualizar regularmente políticas y procedimientos.

14. **Actualizar**: Establecer la importancia de mantener políticas y procedimientos al día con los cambios.

15. **Cumplir**: Indicar la obligación de cumplir con las leyes, regulaciones o políticas internas.

16. **Respetar**: Establecer la necesidad de respetar los derechos, la privacidad y la dignidad de los demás.

17. **Promover**: Fomentar o apoyar ciertas prácticas, comportamientos o valores dentro de la empresa.

18. **Resolver**: Establecer un proceso para la resolución de conflictos, quejas o problemas internos.

19. **Notificar**: Indicar la importancia de notificar o informar sobre ciertas situaciones o eventos inmediatamente.

20. **Sancionar**: Establecer las consecuencias o sanciones por incumplimiento de las normas internas.

21. **Incentivar**: Fomentar la motivación o el estímulo hacia ciertas acciones o resultados.

22. **Controlar**: Establecer procedimientos de supervisión o monitoreo para asegurar el cumplimiento.

23. **Proteger**: Indicar la necesidad de cuidar y proteger

la propiedad de la empresa, la información confidencial o la seguridad de los empleados.

24. **Contribuir**: Fomentar la contribución activa de los empleados hacia los objetivos y metas de la empresa.

25. **Facilitar**: Hacer más accesible o sencilla la realización de ciertas acciones o procesos.

26. **Asegurar**: Garantizar que se cumplan ciertas medidas de seguridad, calidad o cumplimiento.

27. **Priorizar**: Indicar la importancia de dar prioridad a ciertas actividades o tareas clave.

28. **Redactar**: Establecer pautas para la redacción y documentación precisa de políticas y procedimientos.

29. **Reconocer**: Fomentar el reconocimiento o la apreciación de los logros y contribuciones de los empleados.

30. **Aplicar**: Indicar cómo se deben aplicar o implementar ciertas políticas o procedimientos en situaciones específicas.

Estos verbos son esenciales para redactar normas empresariales claras y efectivas, ya que proporcionan instrucciones específicas sobre cómo deben llevarse a cabo ciertas acciones y qué se espera de los empleados en relación con las normas y políticas de la empresa. Es conveniente resaltar que no son los únicos, pero ofrecen una idea general de las acciones importantes a definir en la normativa empresarial interna.

Los actores en la integración de las normas empresariales internas

Los actores involucrados en la elaboración de normas internas empresariales desempeñan un papel fundamental en la dinámica organizativa. Es esencial reconocer que la colaboración y comunicación efectiva entre estos actores son pilares clave para el éxito y la eficacia de las normas internas. Por ello, veamos con mayor detalle quiénes son y el rol con el que participan.

¿Quiénes definen las normas empresariales?

La responsabilidad de construir y redactar las normas empresariales dentro de una empresa recae en un equipo multidisciplinario que incluye a diversos actores clave. No debe ser responsabilidad exclusiva de un solo individuo, ya que la construcción y redacción efectiva de normas requiere la colaboración de varios departamentos y roles dentro de la organización.

El equipo de Recursos Humanos desempeña un papel fundamental en la elaboración de normas relacionadas con políticas de empleo, capacitación, diversidad e inclusión, entre otros. Este equipo trabaja en estrecha colaboración con los gerentes de línea y los empleados para garantizar que las normas reflejen las necesidades y expectativas del personal.

Los departamentos legales o de cumplimiento también desempeñan un papel crucial al garantizar que las normas cumplan con todas las leyes y regulaciones aplicables. Estos profesionales son responsables de verificar que las políticas de la empresa se adhieran a los requisitos legales y que se incluyan disposiciones necesarias para proteger los derechos y responsabilidades de la empresa y sus empleados.

El equipo de alta dirección y los directores de departamento aportan una perspectiva estratégica y operativa esencial en la construcción de normas. Ellos deben proporcionar la visión general de la empresa y la dirección estratégica que se debe reflejar en las normas. Además, su liderazgo es esencial para garantizar que las políticas se implementen y respalden en toda la organización.

En último término, es importante involucrar a los propios empleados en el proceso. Esto puede lograrse a través de encuestas, grupos de enfoque o comités de empleados. Sus perspectivas y experiencias directas son invaluables para asegurarse de que las normas sean realistas, efectivas y respaldadas por la fuerza laboral.

En conjunto, este enfoque multidisciplinario y colaborativo garantiza que las normas empresariales sean construidas y redactadas de manera equilibrada y efectiva, cumpliendo con los requisitos legales, alineadas con la estrategia empresarial y respaldadas por la fuerza laboral.

La importancia de los empleados
en el desarrollo de las normas empresariales

La incorporación de la experiencia de los empleados en el desarrollo, adecuación y actualización de las normas de una empresa es de vital importancia por varias razones fundamentales.

En primer lugar, los empleados son quienes operan en el día a día de la organización y, por lo tanto, poseen un conocimiento práctico y directo de los desafíos y las necesidades del trabajo. Al incluir sus perspectivas, se obtiene una visión más completa de cómo las normas afectan realmente a las operaciones y a la cultura laboral.

En segundo lugar, la participación de los empleados en la formulación de normas promueve un sentido de propiedad y responsabilidad. Cuando los empleados se sienten escuchados y ven que sus comentarios se tienen en cuenta, están más inclinados a cumplir y respaldar las normas, lo que conduce a una mejor aceptación y cumplimiento general. Además, esto fortalece la cultura de participación y colaboración en la empresa.

En tercer lugar, la experiencia de los empleados es esencial para identificar posibles brechas o deficiencias en las normas existentes. Sus conocimientos pueden ayudar a detectar áreas donde las normas actuales pueden ser ineficaces o generar problemas operativos. Al aprovechar su experiencia, se pueden hacer ajustes y mejoras necesarios.

Finalmente, la participación de los empleados en el proceso de normas fomenta un ambiente de confianza y comunicación abierta. Cuando los empleados saben que sus voces son valoradas y que tienen la oportunidad de influir en las normas que rigen su trabajo, se crea un clima de trabajo más positivo y productivo.

Normas estratégicamente estructuradas: una ventaja competitiva

Una empresa que posee una estructura normativa interna estratégicamente organizada y bien redactada se encuentra en una posición ventajosa en un entorno competitivo donde otras compañías compiten ofreciendo mejores precios, mayor calidad y una atención al consumidor excepcional. En primer lugar, esta sólida estructura proporciona una base para la gestión eficaz de procesos clave. Al tener pautas claras y procedimientos optimizados, la empresa puede operar de manera más eficiente, minimizando los costos y maximizando la productividad.

Además, una estructura normativa bien definida garantiza la consistencia en la calidad de los productos o servicios ofrecidos. Esto establece una reputación de confiabilidad y excelencia, lo que puede resultar en una mayor fidelidad del cliente. Los consumidores tienden a gravitar hacia empresas que pueden ofrecer una experiencia constante y de alta calidad, lo que brinda a la empresa una ventaja competitiva significativa.

Una gestión interna transparente y coherente también reduce la probabilidad de errores costosos o retrabajos. Esto tiene un impacto directo en la rentabilidad de la empresa al minimizar los gastos adicionales asociados con la corrección de errores. Los recursos pueden asignarse de manera más eficiente, lo que aumenta la eficiencia operativa y la competitividad en términos de costos.

Asimismo, una estructura normativa efectiva facilita la adaptación a cambios en el entorno empresarial. La empresa puede responder de manera ágil a las demandas cambiantes del mercado, lo que la coloca en una posición ventajosa frente a competidores que pueden ser menos ágiles en su adaptación. Esto es crucial para mantenerse relevante y competitivo en un mercado en constante evolución.

La estructura normativa también juega un papel fundamental en la gestión del riesgo empresarial. Al establecer claramente las responsabilidades y obligaciones, se minimiza la posibilidad de conductas indebidas o decisiones que puedan resultar en sanciones legales o daños a la reputación. Esto proporciona una red de seguridad para la empresa y fortalece su posición en el mercado.

Finalmente, una estructura normativa interna bien elaborada y estratégicamente organizada se convierte en un activo estratégico crucial. Proporciona a la empresa una ventaja competitiva sólida al impulsar la eficiencia operativa, la consistencia en la calidad, la adaptabilidad al cambio y la gestión del riesgo. En un mercado donde la excelencia operativa es un factor determinante del éxito, una estructura normativa efectiva se convierte en un diferenciador clave que coloca a la empresa en una posición de liderazgo.

Apunte final

Las normas empresariales son los pilares sobre los cuales se construye una empresa sólida y exitosa. Son como las reglas del juego que todos deben seguir para que la partida se desarrolle de manera eficiente y eficaz. Su correcta integración en la cultura y operación de la empresa es esencial, y los beneficios que aportan son profundos y duraderos.

Cuando las normas se encuentran bien establecidas y son conocidas por todos los miembros de la organización, se crean condiciones para un ambiente de trabajo más ordenado y productivo. Los empleados saben qué se espera de ellos, cómo deben desempeñar sus roles y qué estándares de calidad deben alcanzar. Esto no solo aumenta la eficiencia operativa, sino que también promueve la satisfacción de los clientes al garantizar un servicio o producto consistente y de calidad.

Además, las normas empresariales contribuyen a reducir los riesgos y a mejorar la gestión de la empresa. Ayudan a prevenir situaciones que podrían resultar en pérdidas económicas, demandas legales o daños a la reputación. Al cumplir con regulaciones y estándares internos, la empresa se coloca en una posición más favorable en el mercado, lo que puede atraer inversores y nuevos clientes.

Desde una perspectiva económica, las normas empresariales bien implementadas pueden generar ganancias significativas. Al optimizar procesos y reducir desperdicios, se ahorran recursos y se mejora la rentabilidad. Además, el cumplimiento de normas y regulaciones puede abrir puertas a nuevos mercados y contratos, lo que se traduce en mayores ingresos. La reputación de una empresa como cumplidora y ética también puede atraer a consumidores dispuestos a pagar más por sus productos o servicios.

En última instancia, la correcta integración de las normas empresariales no solo conduce a una operación más eficiente y rentable, sino que también fortalece la base de la empresa para un crecimiento sostenible a largo plazo. Es un recordatorio de que la ética, la responsabilidad y el cumplimiento son factores fundamentales para el éxito empresarial en un mundo cada vez más competitivo y globalizado.

Para terminar, si este libro ha logrado despertar en usted una nueva apreciación por la vitalidad de la normativa interna en el mundo empresarial, entonces considero que se ha logrado el objetivo. Que estas palabras sean el punto de partida para una profunda reflexión sobre la organización normativa de su empresa, y que cada decisión que tome en este ámbito contribuya al florecimiento de su compañía, impulsando su rentabilidad y su crecimiento. Recuerde, las normas internas no son meros formalismos, sino el motor oculto que impulsa el éxito duradero de cualquier organización. ¡Adelante, y que su camino hacia el triunfo sea guiado por una base sólida de principios y reglas bien establecidas.

Acerca del autor

ANTONIO PUENTE CANO es un destacado profesional cuya carrera ha sido marcada por una importante dedicación a la mejora de las instituciones, tanto en el ámbito público como en el privado, a través de estrategias normativas innovadoras y la constante búsqueda de la eficiencia institucional.

La licenciatura en Derecho obtenida en la Universidad Autónoma Metropolitana (Azcapotzalco), sentó las bases de su conocimiento jurídico, que luego amplió con una maestría en Derecho Administrativo y de la Regulación por el Instituto Autónomo de México (ITAM).

Su compromiso con la excelencia académica se refleja en su maestría en Gobierno y Administración Pública, otorgada por el Instituto Ortega y Gasset y la Universidad Internacional Menéndez Pelayo, donde observó la forma de cómo atender de la mejor manera la organización de las instituciones públicas dentro de la complejidad normativa en la que se desenvuelven.

La especialización en Redacción Legislativa, obtenida en la Universidad Pontificia de México, consolidó su habilidad para comunicar de manera clara y efectiva las complejidades del derecho y la normativa a la realidad de la operación cotidiana.

Su egreso del Instituto Panamericano de Alta Dirección de Empresa (IPADE) respalda su habilidad para entender a las empresas de manera estratégica y apoyar un desempeño más eficiente y eficaz.

Los múltiples diplomados en áreas como *Business Management* (TEC de Monterrey -Santa Fe-), y de Administración Estratégica en la Administración Pública, así como de Auditoría Legal (ITAM), demuestran su búsqueda constante de conocimiento y su adaptabilidad para abordar una variedad de desafíos organizacionales.

Además de su formación académica, ha participado en cursos internacionales de renombre, como los relacionados con la economía digital, la disrupción del Blockchain y la protección de datos personales. Estos cursos, ofrecidos por instituciones de prestigio como el Banco Interamericano de Desarrollo, la Universidad Austral y la Pontificia Universidad Javeriana, destacan su enfoque global y su capacidad para comprender y aplicar conceptos avanzados en el contexto de las instituciones públicas y privadas.

www.ingramcontent.com/pod-product-compliance
Lightning Source LLC
Chambersburg PA
CBHW062352290526
45794CB00005B/2198